Escuta, Escuta
Listen, Listen

written by Phillis Gershator
illustrated by Alison Jay

Portuguese translation by Maria Teresa Dangerfield

D1407241

521 176 71 3

Escuta, escuta … que som é aquele? São insectos por todo o lado a cantar.

Listen, listen … what's that sound? Insects singing all around!

Gri-gri, gri-gi, tchâ, tchâ, bzz-bzz, zum, zum.

Chirp, chirp, churr, churr, buzz, buzz, whirr whirr.

As folhas farfalham, as camas de baloiço balançam no ar.
Chape, chape, há criancinhas a brincar.

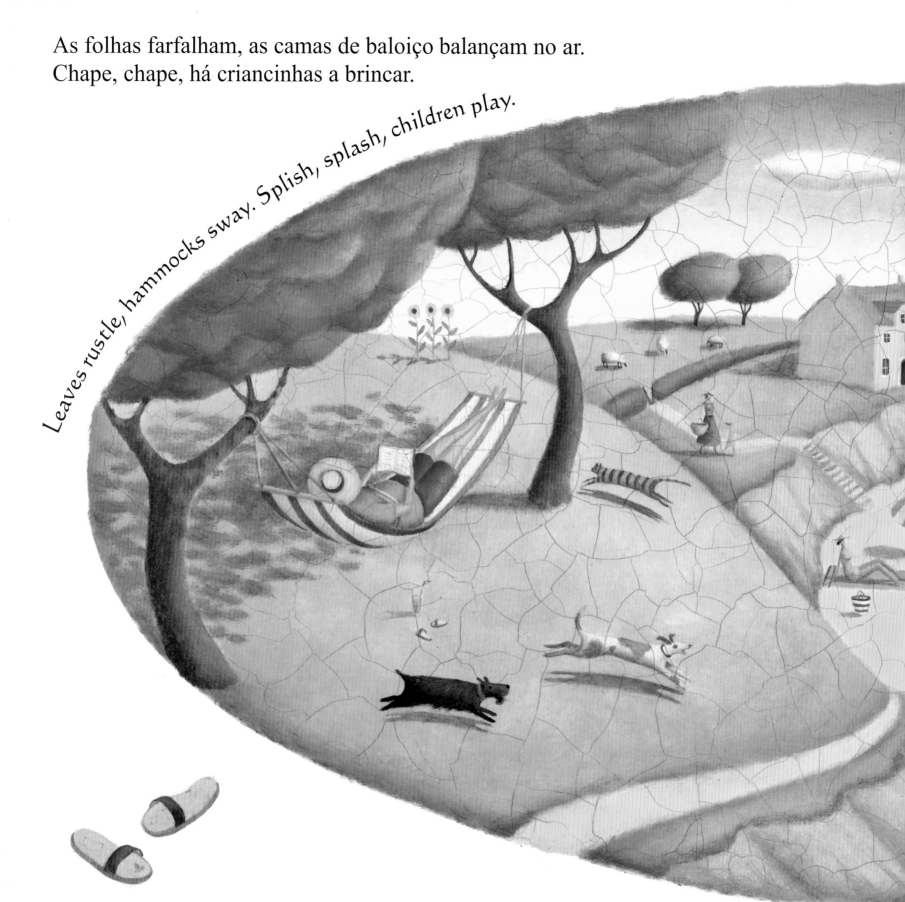

Leaves rustle, hammocks sway. Splish, splash, children play.

O vento leva as nuvens, os cães a correr vão.
Torra que torra, solzinho de verão.

Clouds drift, dogs run. Sizzle, sizzle, summer sun.

Escuta, escuta … o Verão já abalou. Adeus insectos, o Outono chegou.

Listen, listen … summer's gone.
Good-bye insects, autumn's come.

Plomp, plop, caem as bolotas. Rapidamente, para as apanhar, vão esquilos a saltar.

Plop, plop, acorns drop.
Hurry, scurry, squirrels hop.

As abóboras bem depressa madurinhas vão ficar.
As maçãs e o milho estão prontos para apanhar.

Pumpkins ripen, quick, quick. Apples, corn - pick, pick.

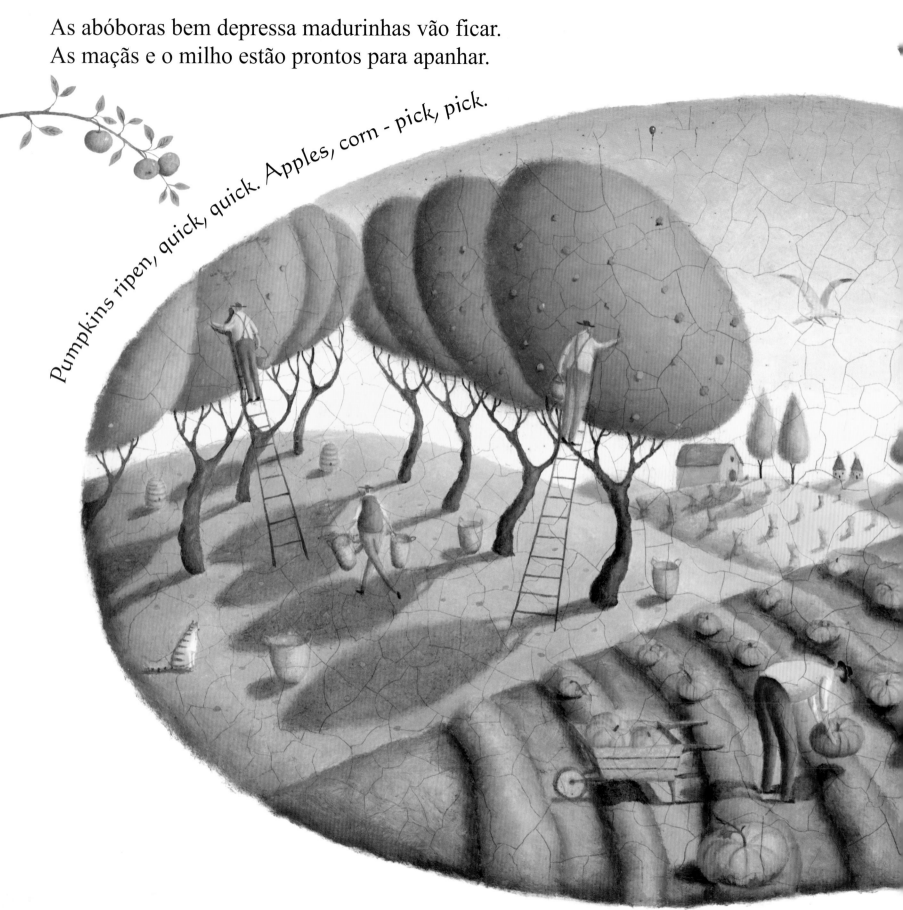

Ploc, ploc, vão pessoas a passar. Aak, uak, são gaivotas a grasnar.

Crunch, crunch, people walk. Aak, aak, seagulls squawk.

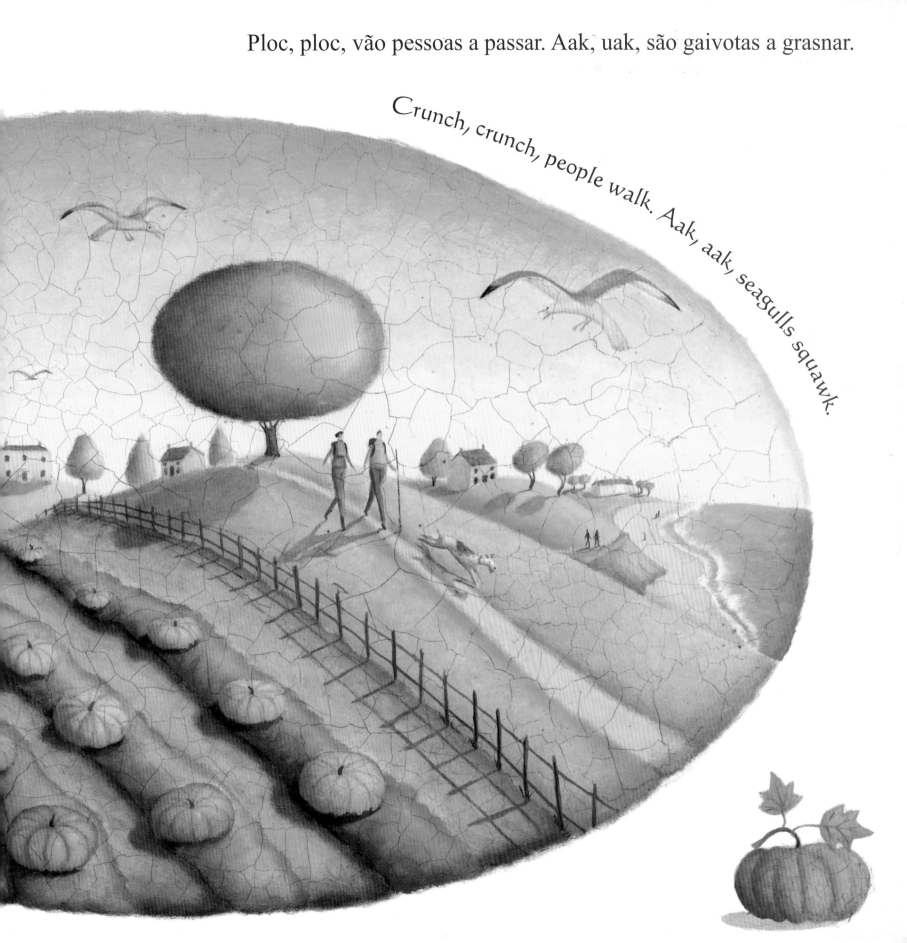

Honk, honk, gansos a gritar. Su-ich, su-ich, folhas voando pelo ar.

Honk, honk, geese call. Swish, swish, leaves fall.

Vvvv, vvvv, o vento leva chapéus pelo ar. Uuu, uuu, ouvem-se mochos a piar.

Whoosh, whoosh, hats fly. Whoo, whoo, owls cry.

Escuta, escuta ... o Outono já abalou. Flocos de neve caindo, sussurrando que "o Inverno é divertido".

Listen, listen ... autumn's gone. Snowflakes whisper, "Winter's fun."

Silên...cio, silên...cio, noite de neve.
Neve cintilante, branca, brilhante.

Shhh, shhh, snowy night. Snow sparkles, white, bright.

Clomp, clomp, soam as botas pesadas. Os adultos juntam a neve com pás, as crianças fazem palhaçadas.

Crunch, crunch, boots clomp. Grown-ups shovel, children romp.

Patinadores a rodopiar, esquiadores a deslizar.
Zip, zuuum, descer, escorregar.

Skaters spin, skiers glide. Zip, zoom, slip, slide.

Brrr, brrr, tempo de aquecer.
Uau, que bom, velinhas a arder.

Brrr, brrr, warm-up time. Ooh, aah, candles shine.

De olhos arregalados, gatos a ronronar.
Crackle, crackle, na lareira, o fogo a crepitar.

Purr, purr, cats gaze. Crackle, crackle, fires blaze.

Escuta, escuta … o Inverno já abalou. Os tentilhões assobiam "O sol já chegou!"

Listen, listen ... winter's gone. Finches whistle, "Here's the sun!"

Pop, pop, bolbos a germinar. Folhas a crescer, flores a gritar.

Pop, pop, bulbs sprout. Leaves grow, flowers shout.

Crick, crack, pintainhos saem da casca a piar.
Pip, pip, galinhas andam na terra a esgravatar.

Crick, crack, babies hatch. Peep, peep, chickens scratch.

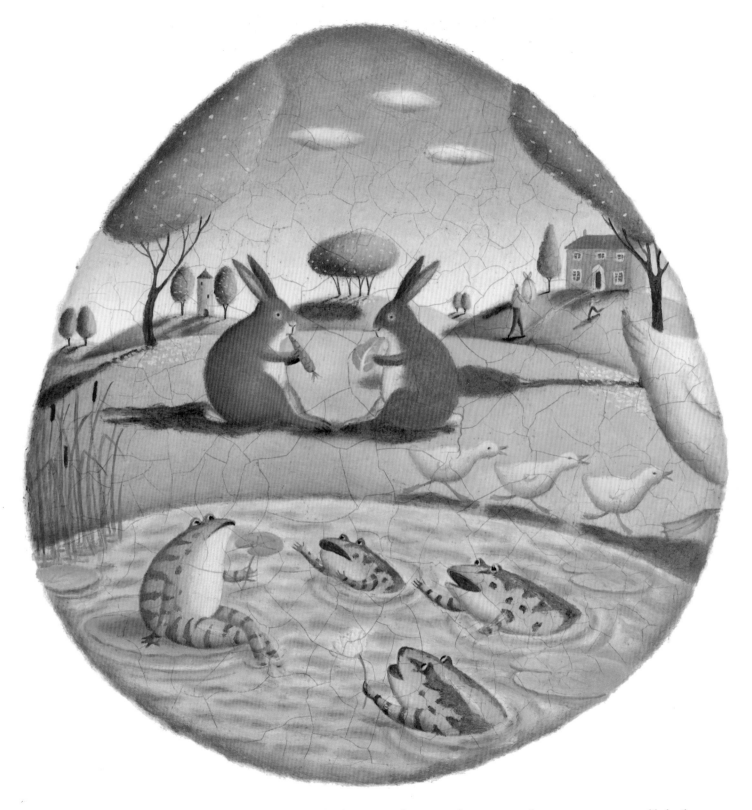

Coaxam as rãs, grasnam os patinhos. Nhoc, nhac, petiscam os coelhinhos.

Frogs croak, ducklings quack. Munch, munch, rabbits snack.

Cai a chuva, ping, ping. Juntam-se os pardais, piupiu, piupiu, piuping.

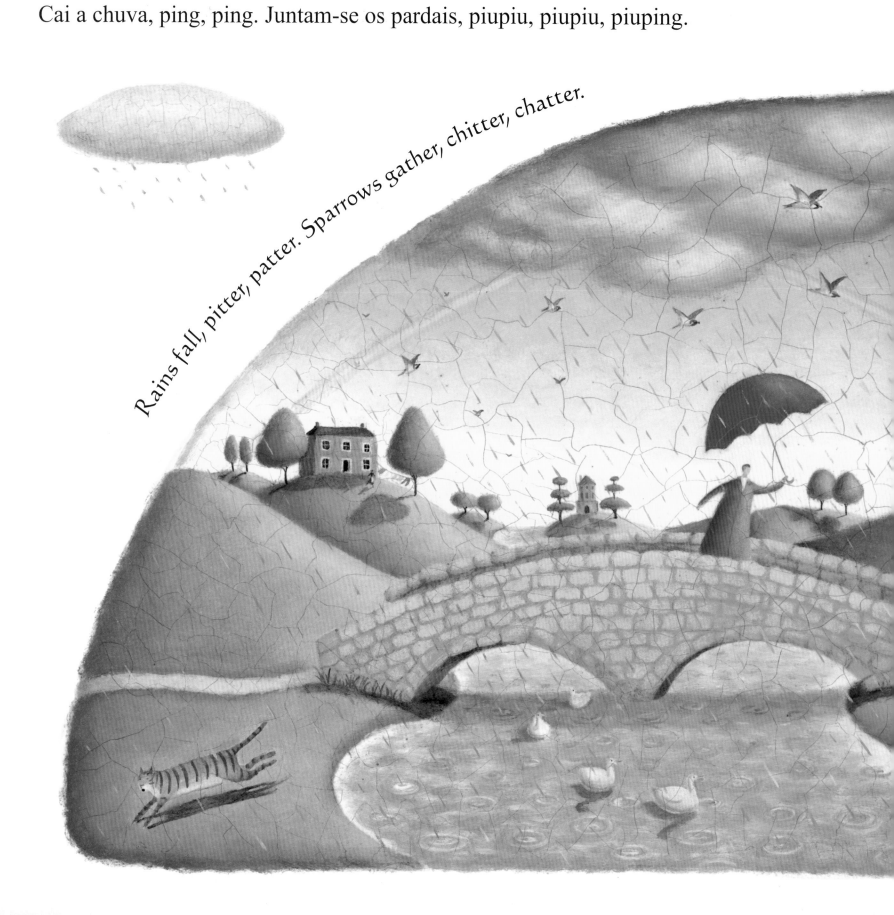

Rains fall, pitter, patter. Sparrows gather, chitter, chatter.

Escuta, escuta ... a Primavera já abalou. E outra estação do ano já começou.

Listen, listen ... spring is gone. Another season has begun.

No ar, na terra, de noite e de dia – que som é aquele?

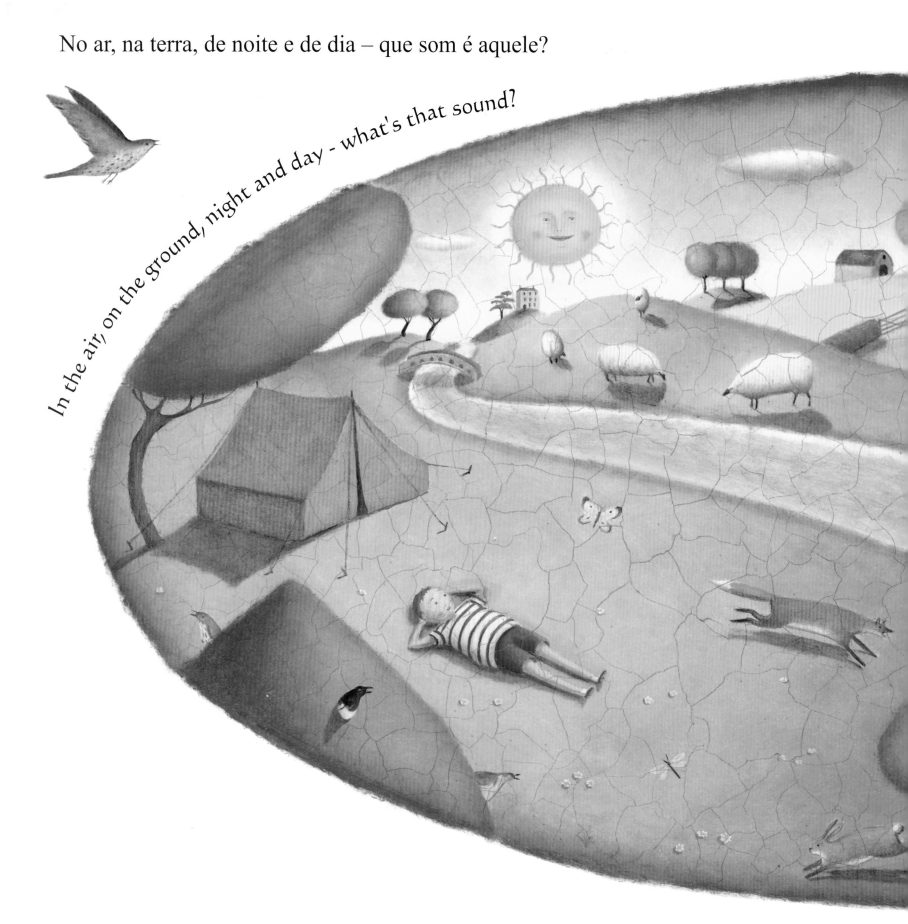

In the air, on the ground, night and day - what's that sound?

Escuta, escuta ... depois da Primavera o Verão vai chegar e ...

Listen, listen ... after spring, summer comes and ...

Os insectos vão cantar!

Insects sing!

Gri-gri, gri-gi, tchâ, tchâ, bzz-bzz, zum, zum.

Chirp, chirp, churr, churr, buzz, buzz, whirr, whirr.

In the summer, can you see

a cricket

a butterfly

a mosquito

a bee

a dragonfly

a grasshopper

a beetle

a sunflower

a daisy

a leaf?

In the autumn, can you see

an owl

a goose

an acorn

an apple

a squirrel

a stalk of wheat

a pumpkin

an ear of corn

a seagull

a leaf?

a mouse

a crow

a paw print

a starling

an icicle

a holly berry

a leaf?

a snowflake

a sprig of mistletoe

In the spring, can you see

a tulip

a daffodil

a bluebell

a sparrow

a rainbow

a rabbit

a frog

a duckling

a chick

a leaf?

What sounds do these animals make?

Information

Rhyme